Hi! Ich heiße Joe!

Ich bin dein Partner beim Üben aller Aufsatzarten der 6. Klasse: Erlebniserzählung, Bildergeschichte, Reizwortgeschichte, Nacherzählung, Beschreibung, Bericht ... Außerdem lernst du einen Aufsatz richtig vorzubereiten und abwechslungsreich zu formulieren!

Achte im Heft auf diese Zeichen:

Regel:

... unbedingt lernen!

Tipp:

... hilft dir weiter!

Aufgabe für Profis

Lern-Tipps

- Übe regelmäßig!
- Schau die Lösung erst an, wenn du selbst eine gefunden hast!
- Wiederhole das Gelernte mehrmals!
- Schreibe die Regeln auf Notizzettel und hefte sie an deine Pinnwand. Benutze sie bei den Hausaufgaben!

Bei manchen Aufgaben findest du keine Schreiblinien. Schreibe die Lösungen in ein leeres Heft. Am Ende des Heftes kannst du den ganzen Stoff wiederholen – eine gute Vorbereitung auf die Aufsätze in der Schule!

Jetzt geht's los!

Diese Begriffe solltest du kennen:

Konjunktion	– Bindewort, z. B. *und*, *aber*, *weil*
Adjektiv	– Wiewort, Eigenschaftswort, z. B. *groß*
Verb	– Tunwort, Zeitwort, z. B. *rennen*
Präteritum	– Vergangenheit, z. B. *sie rannte*
Präsens	– Gegenwart, z. B. *sie rennt*

Passende Verben und Adjektive

1 Anstelle des Verbs *sagen* kannst du andere Wörter verwenden.
Suche sie heraus und schreibe sie auf.

E	R	Z	Ä	H	L	E	N	E	R	K	L	Ä	R	E	N	A
S	A	L	B	E	M	E	R	K	E	N	F	E	E	L	E	H
S	E	R	W	I	D	E	R	N	P	L	A	U	D	E	R	N
E	R	U	F	E	N	E	U	F	L	Ü	S	T	E	R	N	E
A	N	T	W	O	R	T	E	N	I	M	E	I	N	E	N	N

Tipp:

Vermeide beim Schreiben die Wiederholung der Verben *gehen, machen, ist/sein, sagen*. Das klingt langweilig. Auf dieser Seite lernst du Verben kennen, die du stattdessen verwenden kannst. Schreibe dir eine Liste solcher Verben und überarbeite damit deine Aufsätze.

2 Unterstreiche im folgenden Text die sieben Verben *sagen* und *gehen* und ersetze sie durch andere Verben. Schreibe deine Verben an den Rand des Textes.

Im Kino lief endlich wieder ein guter Film. Also rief ich meine Freundin Nina an und sagte: „Kommst du mit ins Kino?" „Ja, gute Idee", sagte sie. Am Nachmittag gingen wir in die Stadt. Vor dem Kino war eine lange Schlange. Ich sagte: „Schau mal, da vorne stehen doch Mark und Tim. Komm, wir fragen sie, ob sie für uns Karten kaufen." Nina sagte erfreut: „Gut, dann müssen wir nicht so lang warten." Wir gingen zu den Jungen. Schnell hatten wir unsere Karten und gingen zum Kiosk. Dort kauften wir Popcorn.

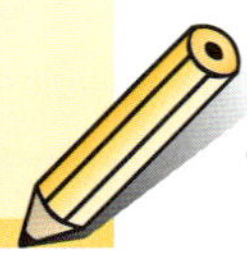

3 Ersetze das Verb *machen* durch ein anderes Verb. Manche Sätze musst du verändern. Schreibe den Text ab.
Beispiel: Das macht mir nichts aus. → Das stört mich nicht.

Mark möchte an seinem Geburtstag ein Fest für seine Freunde machen. Seit Tagen macht er Pläne. Soll er auch etwas zu Essen machen? „Das macht aber viel Arbeit", wendet seine Mutter ein. Also fragt Mark: „Könntest du mir einen Kuchen machen?" „Du kannst selbst Kuchen machen", meint seine Mutter, „ich helfe dir dabei." Samstags lädt Mark alle seine Freunde ein und sie machen sich einen schönen Nachmittag.

4 Ohne Adjektive klingt dieser Text langweilig. Setze die Adjektive aus dem gelben Kasten so ein, dass ein sinnvoller Text entsteht.

lustig **schlau**
hinterhältig **schön**
traumhaft **klug**

Am liebsten mag Nina Filme, bei denen eine ______ Hauptdarstellerin mit ______ Tricks ______ Gauner überlistet und dabei auch noch ______ Sprüche auf Lager hat. Zum Schluss verliebt sich natürlich ein ______ Mann in die ______ Frau.

Tipp:

Adjektive beschreiben Dinge, Personen oder Tätigkeiten genauer. Deine Aufsätze klingen lebendiger und anschaulicher, wenn du passende Adjektive benutzt. Der Leser kann sich dann die Geschichte besser vorstellen, z. B.:
Langweilig: **Nina trinkt den Saft.**
Lebendiger: **Durstig trinkt Nina den kalten Saft.**

5 Du kannst anschaulich beschreiben, indem du zusammengesetzte Adjektive verwendest. Die Bilder helfen dir.

der leichte Rucksack → *der federleichte Rucksack*

der schwere Lastzug → ______

das harte Brot → ______

die glatte Straße → ______

die kalte Limonade → ______

6 Finde Adjektive, die eine ähnliche Bedeutung haben:

schnell: *eilig,* ______

schrecklich: *furchtbar,* ______

schön: *herrlich,* ______

7 Schreibe die folgende Geschichte zu Ende. Achte auf treffende Adjektive (wie unten), z. B. begeistert, heimlich ...

Mark saß *gelangweilt* vor dem Fernseher. Das Nachmittagsprogramm war *öde*. Da kam ihm eine *geniale* Idee. *Eilig* schaltete er den Fernseher aus und griff *entschlossen* zum Telefon.

Satzanfänge

1 Sarah hatte heute einen aufregenden Tag. Sie schreibt ihrer Brieffreundin Julia ihre Erlebnisse. Unterstreiche im Brief alle Satzanfänge. Was fällt dir auf?

Liebe Julia!

Wir haben heute in der Theatergruppe das Bühnenbild hergestellt. Wir haben auf riesige Papierbogen gemalt. Dann wurden die Bogen auf Holz geklebt. Und dann ist Uli in einen Farbeimer getreten. Dann dauerte es eine Weile, bis er den Eimer wieder vom Fuß hatte. Dann ist er mit den Schuhen voller Farbe auch noch quer durch den Saal gelaufen! Dann mussten wir ewig putzen. Dann wurde es spät. Dann war Mama wütend, das war unfair!

Schreib mir bald,
deine Sarah

Vervollständige nun den folgenden Satz:

Sarahs Brief klingt ____________, weil ______________________________

____

Tipp:

Unterschiedliche Wörter am Satzanfang machen einen Text lebendiger, abwechslungsreicher und spannender.

1. Ersetze *dann* durch andere Wörter am Satzanfang
   Beispiel: plötzlich, schließlich, jetzt, nun, daraufhin, auf einmal, in diesem Augenblick, als, da ...
2. Wiederholungen am Satzanfang kannst du auch vermeiden, indem du den Satz umstellst:
   Beispiel: Sarah verabredete sich nachmittags am Kino.
   Nachmittags verabredete sich Sarah am Kino.
   Am Kino verabredete sich Sarah nachmittags.

2 Verbessere Sarahs Brief, indem du verschiedene Satzanfänge verwendest. Schreibe den ganzen Brief in dein Heft.

3 Stelle die Sätze um, sodass sich die Satzanfänge unterscheiden.

Sie geht heute zur Theaterprobe. ______________________________

Sie trifft sich danach mit Nina. ______________________________

Sie gehen noch zusammen ins Eiscafé. ______________________________

4 Lies die folgenden Sätze laut. Ersetze die Wiederholungen, damit die Sätze abwechslungsreicher klingen.

Sarah bestellt ein Eis. Sarah isst das Eis voller Genuss.

Sarah bestellt ein Eis. Sie isst es voller Genuss.

Uli tritt beim Basteln in einen Farbeimer. Uli hat den Farbeimer übersehen.

Nina kommt mit zur Theaterprobe. Nina gefällt die Theaterprobe gut.

Tipp:

Eintönige Satzanfänge kannst du auch dadurch vermeiden, dass du zwei Sätze durch Konjunktionen verbindest.
Konjunktionen sind Bindewörter, z. B. *weil, als, oder, und, aber ...*
Beispiel: Sarah hat wenig Zeit. Sarah hat eine Theaterprobe.
Sarah hat wenig Zeit, weil sie eine Theaterprobe hat.

5 Verbinde die Sätze durch Konjunktionen, achte auf das Komma.

Julia kennt Uli auch. Julia will alles über Ulis Missgeschick wissen.

Julia kennt Uli auch, deshalb

Uli hat nicht aufgepasst. Uli tritt in den Farbeimer.

Sarahs Mutter sieht sich das Theater an. Sie ist stolz auf Sarah.

6 Verbessere die Satzanfänge in diesem Brief, indem du alle Möglichkeiten anwendest. Schreibe in dein Heft.

Liebe Sarah!

Vielen Dank für deinen Brief! Heute bin ich zu spät in die Schule gekommen. Dann bin ich ins Klassenzimmer gerannt. Dann bin ich gestolpert und hingefallen. Dann haben alle gelacht. Dann war unser Lehrer wütend. Dann hat er uns viele Hausaufgaben aufgegeben. Dann hatte ich Nachmittagsschule. Ein furchtbarer Tag!

Schreib mir bald wieder,
deine Julia

So werden deine Satzanfänge abwechslungsreich:

- gleiche Wörter ersetzen
- Sätze umstellen
- Sätze verbinden

Wörtliche Rede

1 Betrachte den Comic genau. Schreibe in die Sprechblasen, was die Personen sagen könnten.

2 Wenn du die Sprechblasen in einer Geschichte verwendest, musst du die Zeichen der wörtlichen Rede setzen. Füge deinen Text richtig in die Lücken ein und setze die Zeichen. Die Regel hilft dir.

Bild 1: Sven sagt: „ ______________________________ !“

Bild 2: ______________________________ meint Mario.

Bild 3: ______________________________

Regel:

Der Begleitsatz kann *vor*, *nach* oder *mitten* in der wörtlichen Rede stehen. Bei der wörtlichen Rede stehen Anführungszeichen. Achte besonders auf die Kommas.

Ⓐ Begleitsatz *vor* der wörtlichen Rede:
Aussagesatz, z. B.: Sven sagt: „Ich spiele gern Tennis.“

Ⓑ Begleitsatz *nach* der wörtlichen Rede:
Fragesatz, z. B.: „Spielst du gern Tennis?“, fragt Sven.
Beachte: Beim Aussagesatz fehlt der Punkt, z. B.:
„Sehr gern“, sagt Lena.

Ⓒ Begleitsatz *mitten* in der wörtlichen Rede:
Ausrufesatz, z. B.: „Komm mit“, ruft Sven, „wir spielen Tennis!“

3 Setze die Zeichen der wörtlichen Rede.

Anna fragt   Wer kann mir einen Stift leihen?

Ich nicht   ruft Sven   du leihst mir auch nie was!

Warte mal   meint Lena   ich gebe dir einen.

Vielen Dank, das ist nett von dir   antwortet Anna.

4 Lies den folgenden Text laut.
Wie könntest du ihn verbessern?

Anna und Lena sitzen im Klassenzimmer. Heute bekommen sie einen Mathetest zurück. Frau Müller teilt die Hefte aus. Anna rutscht unruhig auf ihrem Stuhl hin und her. Die Lehrerin kommt auf sie zu und gibt ihr das Heft. Anna schlägt es auf. Frau Müller ruft Anna nach vorn. Das Mädchen schleicht langsam und ängstlich zum Pult. Frau Müller gibt ihr einen Brief für ihre Mutter mit. Lena beobachtet die beiden gespannt. Anna läuft schließlich grinsend und erleichtert zu ihrem Platz zurück. Sie hat noch mal Glück gehabt.

Vorschlag zur Verbesserung:

____

„Wetten, sie hat bemerkt, dass ich geschummelt habe", jammert Anna. „Warte erst mal ab", erwidert Lena.

„Gib diesen Brief daheim ab", meint Frau Müller, „es ist eine Einladung des Elternchors."

„Kannst du bitte zu mir kommen, Anna? Ich muss dir etwas sagen."

„Entwarnung! Sie hat nichts gemerkt!", flüstert sie Lena zu.

5 Wie klingt die Geschichte, wenn du wörtliche Rede einsetzt? Schreibe alles noch einmal ab und setze die wörtliche Rede auf den Zetteln an passenden Stellen ein.
Lies die Geschichte dann laut: Merkst du den Unterschied?

6 Finde jeweils ein anderes Wort, dessen Bedeutung ähnlich ist.

flüstern – *wispern* antworten – __________ erzählen – __________

schreien – __________ reden – __________ überlegen – __________

sich erkundigen – __________

7 Verbessere! Setze ein: *erzählen*, *berichten*, *rufen*, *überlegen* ...
Achtung: Manchmal ist *sagen* tatsächlich die beste Lösung!

Janine kommt aufgeregt zu Anna. „Anna, Lisa ~~sagt~~ *erzählt*, dass Maike Daniel toll findet!", *sagt* __________ Janine. „Das hat sie *gesagt* __________", *sagt* __________ Anna, „und was *sagt* __________ Maike selbst dazu?" Janine *sagt* __________: „Die *sagt* __________ gar nichts, also stimmt es!" „Das *sagst* __________ du so, aber ob es wirklich stimmt?", *sagt* __________ Anna. „Sicher! Komm, *sagen* __________ wir es Sophie!", *sagt* __________ Janine.

Erlebniserzählung: Aufbau

1 Hier siehst du Stichworte zum Thema *Zeltlager*. Zu welchem Teil der Erzählung passen die einzelnen Stichworte? Ordne zu und trage sie in die Tabelle ein. Die Regel unten hilft dir.

Schreck / rascheln / Zeltlager / schlafen / mitten in der Nacht
am nächsten Morgen / unheimliche Geräusche / ums Zelt schleichen
Jungen aus dem Nachbarzelt / wieder einschlafen / lachen

Einleitung	Hauptteil mit Höhepunkt	Schluss

Regel:

Eine Erlebniserzählung besteht immer aus einer Einleitung, einem Hauptteil und einem Schluss.
In der Einleitung beschreibst du die *Personen (wer?)*, den *Ort (wo?)* und die *Zeit (wann?)* deines Erlebnisses.
Im Hauptteil deiner Geschichte erzählst du den *Höhepunkt*. Gestalte diesen Teil lebendig und anschaulich. Beschränke dich auf ein Ereignis.
Dein Schluss soll kurz sein und die Erzählung abschließen. Erzähle kein neues Ereignis.
Erzählzeit ist das Präteritum (die Vergangenheit).

2 In der Einleitung werden *Personen*, *Ort* und *Zeit* des Erlebnisses genannt. Überprüfe in den folgenden Einleitungen, ob diese Punkte beachtet wurden. Schreibe jeweils auf, was fehlt.

a) Wir waren alle sehr müde. Nach dem Essen wollten wir nur noch schlafen. Der Tag war anstrengend gewesen. ______________

b) Letzte Woche nahmen wir im Zeltlager an einer Schnitzeljagd teil. Meine Gruppe startete früh am Morgen. Wir waren nicht sicher, ob wir wohl das Ziel erreichen würden. ______________

c) Sarah und Anja waren mit ihrer Klasse ins Zeltlager gefahren. ______________

3 Schreibe die erste Einleitung aus Aufgabe 2 so um, dass sie vollständig ist. Schreibe den Text in dein Heft.

4 Schreibe mit den Stichworten aus Aufgabe 1 eine Geschichte. Achte auf die vollständige Einleitung und die Erzählzeit.

5 In einer Erzählung wirken gleiche Satzanfänge langweilig. Unterstreiche die Satzanfänge in deiner Geschichte. Schreibe unterschiedliche Satzanfänge auf und verbessere deine Geschichte. Tipp: Schlage nochmals auf Seite 4 und 5 nach.

plötzlich, kurz darauf

6 Wörtliche Rede lässt deine Erzählung lebendig werden. Lies deine Geschichte laut und überlege: An welcher Stelle könnten die Personen etwas sagen oder denken? Ergänze an diesen Stellen wörtliche Rede.

7 Schreib eine zweite Geschichte. Lege dir zuerst eine Stichwortliste an und ordne die Wörter in eine Tabelle (wie unten) ein. Das Bild hilft dir Ideen zu finden.

Einleitung	Hauptteil mit Höhepunkt	Schluss

8 Mit Hilfe der folgenden Fragen kannst du überprüfen, ob deine Geschichte alle wichtigen Punkte einer Erzählung enthält. Du solltest alle Fragen mit Ja beantworten können. Diese Checkliste hilft dir auch bei den Aufsätzen für die Schule.

Checkliste für eine Erlebniserzählung	Ja	Nein
Enthält die Einleitung alle wichtigen Informationen?	○	○
Hast du dich auf ein Ereignis im Hauptteil beschränkt?	○	○
Ist dein Hauptteil ausführlich?	○	○
Hast du die Gefühle der Personen beschrieben?	○	○
Passt der Schluss zur Geschichte?	○	○
Macht die Überschrift neugierig, ohne zu viel zu verraten?	○	○
Gibt es wörtliche Rede?	○	○
Hast du unterschiedliche Satzanfänge gewählt?	○	○
Stehen alle Verben in der gleichen Zeitform?	○	○
Hast du treffende Adjektive verwendet?	○	○

Erlebniserzählung: Höhepunkt

1 Markiere in dieser Geschichte die Einleitung blau, den Hauptteil rot und den Schluss grün. Die Regel auf Seite 8 hilft dir dabei.

Kai hatte sturmfreie Bude. Zum ersten Mal durfte er eine Party feiern. Hoffentlich würde sie ein voller Erfolg werden! Er hatte jede Menge Freunde eingeladen, Chips besorgt und sogar ein paar Mädchen angerufen.
Kai stand gerade unter der Dusche, als es an der Wohnungstüre klingelte. Schnell schlang er sich ein Handtuch um die Hüften und öffnete. Vor der Tür war jedoch niemand. Ob das ein Scherz seiner Freunde war? Neugierig trat er in den Flur. Da fiel die Tür hinter ihm ins Schloss! Also ging er zur Nachbarin, um sich einen Ersatzschlüssel zu leihen.
Die Party konnte beginnen!

2 Wenn du die Geschichte aufmerksam gelesen hast, ist dir aufgefallen, dass im Hauptteil etwas fehlt. Kreuze die Fragen an, auf die du *keine* Antwort im Text findest.

- ◯ Was hat Kai an, als die Tür hinter ihm zu fällt?
- ◯ Weshalb kann er nicht zurück in die Wohnung?
- ◯ Was fühlt und denkt Kai in diesem Moment?
- ◯ Was erzählt Kai der Nachbarin?
- ◯ Ist die Nachbarin überhaupt zu Hause?
- ◯ Was sagt die Nachbarin zu Kais Missgeschick?
- ◯ Kann die Nachbarin ihm einen Schlüssel geben?
- ◯ Findet die Party statt?

Regel:

**Der Höhepunkt einer Geschichte befindet sich im Hauptteil.
Der Höhepunkt ist das wichtigste Element einer Erlebniserzählung.
Beschränke dich beim Höhepunkt auf die Schilderung eines Ereignisses.
Der Höhepunkt muss besonders ausführlich und anschaulich gestaltet sein. Das erreichst du durch wörtliche Rede und Beschreibung von Gefühlen und Gedanken der Hauptperson.**

3 Schreibe einen passenden Höhepunkt in dein Heft, indem du die angekreuzten Fragen beantwortest. Die Regel und die Bilder bei Aufgabe 2 helfen dir.

4 Man kann den Verlauf einer Geschichte mit einer Bergbesteigung vergleichen. Überlege: Ist die Geschichte jetzt vollständig?

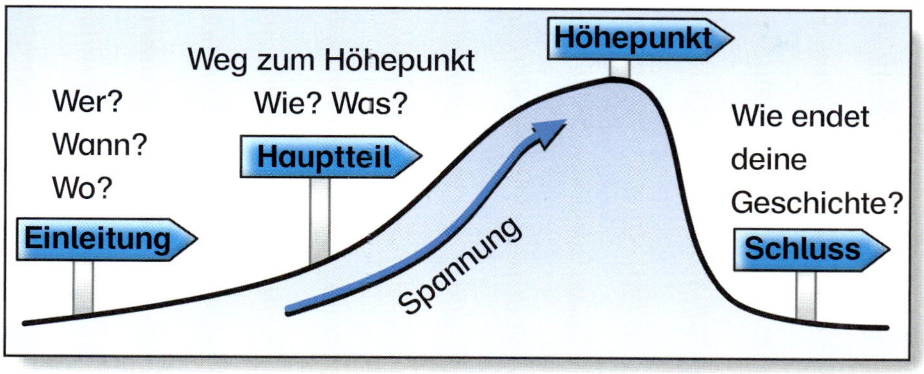

5 Die Überschrift einer Erzählung leitet sich oft vom Höhepunkt ab. Sie sollte neugierig machen, aber nicht zu viel verraten. Erfinde selbst Überschriften zu der Geschichte und schreibe sie auf.

Peinliche Party | **Ausgesperrt!** | ______

______ | ______

6 Der Schluss soll kurz und knapp sein. Aber nur ein Satz ist zu wenig. Lies das Beispiel. Erfinde dann einen anderen Schluss.

„Das ist ja noch mal gut gegangen“, seufzte Kai erleichtert und schloss die Wohnung auf. Schnell zog er sich an. Schon kamen die ersten Gäste. Kai erzählte ihnen lachend von seinem Erlebnis.
Endlich konnte die Party beginnen!

____
____
____
____

7 Welche Aussagen treffen auf eine Erlebniserzählung zu? Kreuze an. Von oben nach unten gelesen ergibt sich ein Lösungswort.

a) Es wird nur *ein* Erlebnis erzählt. ☐ P
b) Es wird wörtliche Rede verwendet. ☐ A
c) Der Höhepunkt soll langweilig sein. ☐ L
d) Einleitung und Schluss müssen vorhanden sein. ☐ R
e) Gefühle sollen gut beschrieben werden. ☐ T
f) Die Satzanfänge sollen abwechslungsreich sein. ☐ Y
g) Die Verben stehen in verschiedenen Zeiten. ☐ T

Lösungswort: ☐☐☐☐☐

Stichworte sammeln und ordnen

1 Hier siehst du eine Ideensammlung zum Thema *Reise mit einer Zeitmaschine*. Die Stichworte gehören zu drei unterschiedlichen Geschichten. Finde heraus, welche Begriffe zueinander passen und markiere sie in der gleichen Farbe.

Tipp:

Sammle zuerst Ideen und Stichworte, wenn du eine Geschichte schreiben willst. Die Antworten auf die Fragen wer? wann? wo? was? wie? helfen dir dabei.
Stell dir die Hauptperson deiner Geschichte genau vor:
Was sieht, hört und riecht sie?

2 Welches Thema aus Aufgabe 1 interessiert dich am meisten? Trage es in den gelben Kreis ein. Schreibe dann eigene Ideen für diese Geschichte in die Kreise. Der Tipp hilft dir.

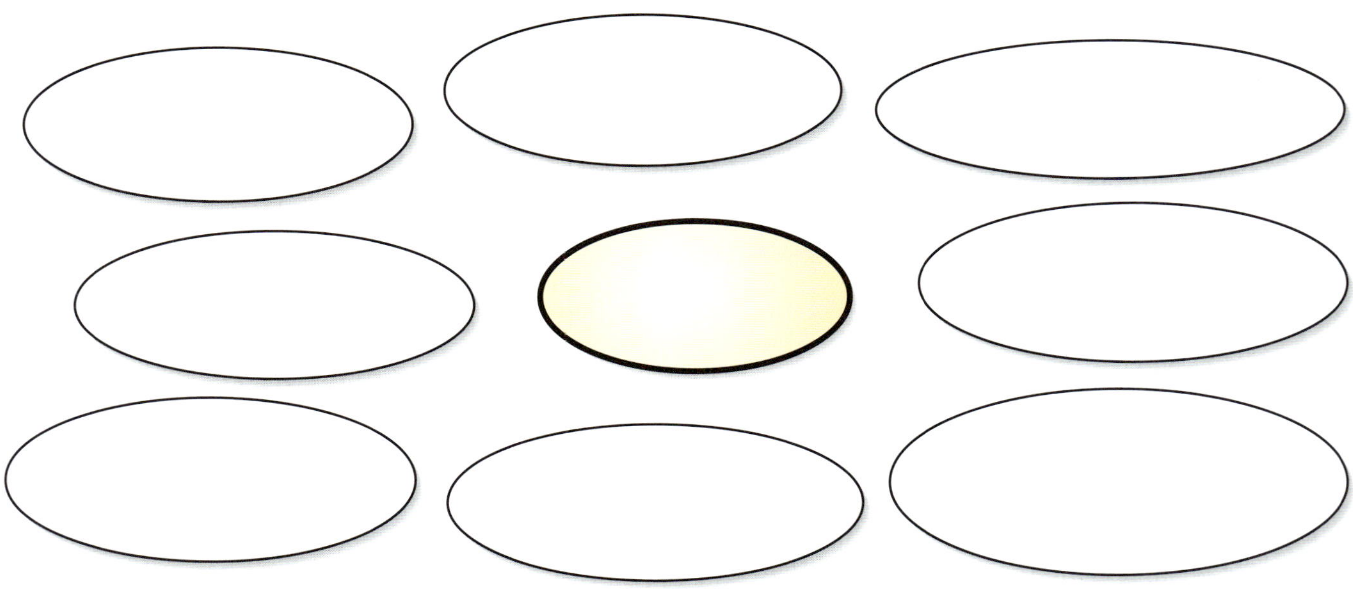

3 Ordne die Ideensammlung. Trage die Stichworte in die Tabelle ein. Prüfe genau, welcher Punkt zu welchem Erzählabschnitt gehört. Ergänze, falls noch etwas fehlt.
Ideen, die dir unwichtig erscheinen, streichst du durch.

Einleitung	Hauptteil	Schluss
	Höhepunkt:	

4 Schreibe jetzt mit Hilfe der Tabelle deine Geschichte auf.
Lies sie jemandem vor. Findest du sie gelungen?
Wenn du sie noch verbessern willst, überprüfe sie mit Hilfe der Checkliste auf Seite 9.

5 **Schreib-Tipp:** Nimm eine Illustrierte oder Zeitung und lies nur die Überschriften. Wähle eine Überschrift aus, lies den Artikel aber noch *nicht*! Bilde dann eine Ideensammlung zur Überschrift und schreibe eine kurze Geschichte. Vergleiche sie zum Schluss mit dem Originaltext.

6 Lies die Checkliste. Kopiere sie und hänge sie über deinen Schreibtisch. Damit kannst du deine Schulaufsätze vorbereiten.

Checkliste zur Aufsatzvorbereitung

1. Lege dir vor dem Schreiben eine Ideensammlung an.
   Überlege dir Antworten auf die Fragen:
   Wer? Was? Wann? Wo? Wie?
2. Markiere Ideen, die zusammengehören, in einer Farbe.
3. Lege dir eine Tabelle an (Einleitung, Hauptteil mit Höhepunkt, Schluss). Ordne die Stichworte den Erzählabschnitten zu.
4. Ergänze, was noch fehlt und streiche unwichtige Ideen durch.
5. Schreibe die Geschichte auf.

Fantasiegeschichte

1 Hier wird ein Erlebnis erzählt. Lies die Geschichte aufmerksam. Finde eine passende Überschrift und schreibe sie auf die Linie.

____

Sarah surfte gern im Internet. Eines Nachmittags unterhielt sie sich im Netz mit Jasmin, einem Mädchen, das sie gerade kennen gelernt hatte. Jasmin schrieb: „Sarah, klicke das Tigersymbol an, dann können wir uns richtig treffen!“ Sarah überlegte: „Was meint sie nur mit ‚richtig treffen‘? – Ich versuche es einfach.“ Kaum hatte sie auf das Symbol geklickt, spürte sie einen Sog. Etwas zog sie in den Bildschirm hinein. Sie wurde in die Tiefe gerissen und landete auf weichem Farn. Jasmin erwartete sie, neben sich ihren Laptop. Sie befanden sich mitten in einem wild wuchernden Dschungel. Den ganzen Tag beobachteten sie Tiere und aßen wilde Früchte. Als aber die Sonne unterging, wollte Sarah nach Hause. Jasmin fauchte: „Du willst mich also allein lassen?“ Sie verwandelte sich in einen gewaltigen Tiger und stürmte brüllend auf Sarah zu. Sarah floh voller Entsetzen. Sie stolperte über eine Wurzel und fiel kopfüber auf den Laptop. Der Dschungel verschwand. Sarah saß wieder vor ihrem Computer. Schnell schaltete sie ihn ab. Was für ein Abenteuer! Oder war das alles nur ein Traum gewesen?

2 Schreibe kurz auf, welche Dinge in der Geschichte fantastisch sind, also nicht in Wirklichkeit geschehen können.

____

____

3 Wenn du aufmerksam liest, findest du den Satz, an dem die Geschichte ins Fantastische übergeht. Markiere diesen Satz.

Tipp:

**In Fantasiegeschichten ereignen sich Dinge, die in Wirklichkeit nicht geschehen. Auch Fantasiegeschichten müssen so erzählt werden, dass wir sie uns vorstellen können. Anfang und Ende der Geschichte spielen meist in der Wirklichkeit.
Vermische nicht zu viele fantastische Ideen in deiner Geschichte, sonst wird sie zu verwirrend.**

4 Findest du noch weitere Überschriften für Fantasiegeschichten? Schreibe sie auf.

Der magische Stein; Als ich Gedanken hören konnte; ______

______

______

5 Stichworte erleichtern dir das Schreiben einer Geschichte. Notiere dir Stichworte zu einer der Überschriften aus Aufgabe 4.

Einleitung: Ort: ______ Zeit: ______

Personen: ______

Wie beginnt deine Geschichte? ______

______

Hauptteil: Was ereignet sich und was ist der Höhepunkt deiner Geschichte? ______

______

______

______

______

Schluss: Wie und wo endet deine Geschichte? ______

______

6 Wie jede Erzählung steht auch die Fantasiegeschichte in der Vergangenheit (Präteritum). Ergänze die Tabelle.

Infinitiv (Grundform)	Präsens (Gegenwart)	Präteritum (Vergangenheit)
gehen	*ich gehe*	*ich ging*
schießen		
ziehen		
drehen		
rennen		

7 Schreibe nun mit Hilfe deiner Stichworte eine Fantasiegeschichte in dein Heft. Vergiss die Überschrift nicht und achte auf die Erzählzeit.

Eine Geschichte spannend zu Ende erzählen

1 Hier ist nur der Anfang einer Geschichte erzählt. Schreibe in Stichworten auf, wie sie weitergehen könnte.

Lena und Sven waren in den Ferien mit ihren Eltern nach Griechenland gefahren. In der Nähe ihres Ferienhauses befand sich ein Wald, den Lena und Sven auf eigene Faust erkundeten. Gespannt liefen sie auf einem schmalen Pfad immer tiefer in den Wald. Außer ihnen schien hier niemand zu sein. Langsam wurde es dunkel. Sven blieb stehen. „Meinst du nicht, wir sollten umdrehen?", fragte er unsicher. „Ja, wir können ja morgen wiederkommen", meinte Lena. Da sahen sie plötzlich einen Lichtschein.

2 Die folgenden Fragen helfen dir Spannung aufzubauen.

a) Was entdecken Lena und Sven?

b) Welche Gedanken gehen Sven durch den Kopf?

c) Wie verhalten sich die beiden, als sie den Lichtschein sehen?

d) Wie fühlen sie sich? Welche Geräusche hören sie?

Tipp:

Es gibt zwei Möglichkeiten, wie du die Spannung erhöhen kannst.

1. Du verwendest wörtliche Rede.
2. Du beschreibst die Gefühle der Hauptpersonen. Der Leser kann sich dann besonders gut in die Personen hineinversetzen, z. B.:

   Die Angst schnürte ihm die Kehle zu.
   „Warum sind wir nicht früher umgekehrt?", fragte er sich erschöpft.

3 Wenn du Gefühle anschaulich schilderst, kannst du Spannung erzeugen. Ergänze und überlege dir selbst einen Satz zum Bild.

a) Mir klapperten vor Angst die ______________.

b) Mir blieb fast das ______________ stehen.

c) Ein Schauer lief mir den ______________ hinunter.

d) Ich zitterte am ganzen ______________.

e) ____________________________________

4 Es gibt Wörter, die dir helfen, spannend zu schreiben. Kreise diese Wörter ein. Schreibe noch mehr Wörter auf.

plötzlich stockfinster schauerlich klappern wispern geheimnisvoll schön huschen fröhlich Schatten streiten ruhig blühen bunt sonnig flackern lachen

____

____

5 Erzähle nun die Geschichte von Lena und Sven zu Ende. Benutze die Stichworte aus Aufgabe 1 und 2. Versuche spannend zu schreiben. Der Tipp unten hilft dir.

Tipp:

Am Höhepunkt will der Leser wissen, wie es weitergeht. Du steigerst die Spannung, wenn du den Fortgang der Handlung etwas hinauszögerst.

- **Stelle Fragen, z. B.: Was sollte ich nur tun?**
- **Beschreibe an der spannendsten Stelle besonders ausführlich, z. B.: Zitternd stand sie hinter einem Baum. Die Männer würden sie bestimmt gleich entdecken. Sie hörte Stimmen. „Ist da jemand?“, rief ein Mann verärgert. Sie hielt die Luft an ...**

6 Diese kurze Geschichte ist nicht sehr spannend. Verbessere sie, indem du genauer beschreibst. Schreibe in dein Heft.

Heute beobachtete ich einen Taschendieb. Er rempelte eine Frau an, dabei riss er ihr die Handtasche weg. Aber als er fliehen wollte, stolperte er. Schnell hielten ihn zwei Passanten fest und gaben der Frau die Handtasche zurück.

Erzählen aus unterschiedlichen Perspektiven

1 Betrachte die Bilder genau und schreibe zu jedem Bild passende Stichworte auf.

Supermarkt, Nico, ____________ ____________ ____________

cool, sieht Anja ____________ ____________ ____________

2 Du siehst als Unbeteiligter, was in der Geschichte passiert. Das nennt man Beobachter-Perspektive. Schreibe aus dieser Perspektive die Geschichte weiter. Erfinde eine passende Überschrift. Schreibe alles in dein Heft. Du kannst so beginnen:

Neulich war Nico im Supermarkt, um für das Abendessen einzukaufen. „Was brauche ich alles?“, überlegte er, als er zwischen den Regalreihen Anja entdeckte. „Die sieht aber nett aus, die muss ich unbedingt ansprechen!“, beschloss er.

Tipp:

Geschichten können aus unterschiedlicher Sicht (Perspektive) erzählt werden.
Du kannst eine Situation beobachten und darüber berichten, dann schreibst du aus der Beobachter-Perspektive.
Beispiel: Ein Junge ging zum Einkaufen.

Wenn du auch die Gefühle und Gedanken der Personen schilderst, schreibst du als allwissender Beobachter.
Beispiel: Als Nico noch überlegte, dachte Anja: „Was will der?“

Erzählst du die Geschichte aus der Sicht eines Beteiligten, nennt man das Ich-Perspektive.
Beispiel: Ich ging zum Einkaufen.

3 Entscheide, aus welcher Perspektive diese Sätze erzählt werden.

Der Junge beobachtete mich. ____________

„Hallo, wie geht's?“, fragte Nico. „Gut“, erwiderte Anja. ____________

4 Die folgenden Sätze sind aus der Beobachter-Perspektive erzählt. Kannst du sie in die Ich-Perspektive aus Nicos Sicht umwandeln?

1. Nico sah Anja zwischen den Regalreihen.

   Nico: *Da sah ich dieses nette Mädchen zwischen den Regalreihen.*

2. Nico wollte sie auf sich aufmerksam machen und lehnte sich lässig an einen Turm aufgestapelter Dosen.

   Nico: ______________________________

3. Der Turm aus Dosen fiel um. Erst jetzt bemerkte Anja Nico und kam, um ihm zu helfen.

   Nico: ______________________________

5 Stell dir vor, du bist Nico. Erzähle die Geschichte nun aus seiner Sicht, also in der Ich-Perspektive. Denke auch an die Überschrift.

____

Gestern im Supermarkt ist mir etwas furchtbar Peinliches passiert.
Alles hat damit angefangen, dass

6 Überprüfe deine Geschichte. Wenn du mehr als zweimal Ja ankreuzen kannst, hast du schon die wichtigsten Punkte beachtet. Was du mit Nein beantwortest, solltest du nochmals überarbeiten.

	Ja	Nein
Hast du verschiedene Satzanfänge verwendet?	◯	◯
Passt deine Überschrift zur Geschichte?	◯	◯
Hast du immer die Ich-Perspektive verwendet?	◯	◯
Hast du die wörtliche Rede verwendet?	◯	◯

Reizwortgeschichte

1 In dieser Erzählung sind viele Wörter unterstrichen. Drei Wörter sind für den Verlauf der Geschichte am wichtigsten. Finde sie heraus und notiere sie auf den Linien.

Vor den großen Ferien machte die Klasse 6b eine Radtour. Die Junisonne brannte heiß. Sie hatten gegrillt und richteten sich nun zum Aufbruch. Plötzlich entdeckte Lisa, dass ihr Hinterreifen einen Platten hatte. Ärgerlich schaute sie sich um. Wer hatte ihr nur diesen Streich gespielt? Da sah sie Sven geduckt davonschleichen. „Na warte, du wirst noch dein blaues Wunder erleben!“, schwor sie bei sich. „Wer zuerst am Waldrand ist, hat gewonnen!“, rief Sven und alle sausten los. Lisa schnappte ihren Drahtesel und schob ihn ihren Freunden hinterher. Am Mühlbach wartete die 6b auf sie. „Ich glaube, ich werde gleich ohnmächtig ... vielleicht von der Hitze ...“, stöhnte Lisa und schwankte. Dabei stieß sie gegen Sven, der stolperte und in den Mühlbach fiel. Da erholte sich Lisa auf wundersame Weise und lachte: „Na Sven, da bist du platt, was?“

Tipp:

Reizwörter sind Wörter, die dich zum Schreiben und Erzählen anregen. Sie sollen den Verlauf deiner Geschichte bestimmen. Die Reihenfolge, in der die Wörter vorkommen, bestimmst du selbst.

2 Suche dir nun selber drei Reizwörter aus und schreibe sie auf.

U-Bahn / Gewitter / Tunnel / Angst / Rucksack / Opa / Held
Unfall / Telefonzelle / Geschenk / Hund / Kinderwagen / Bus
Polizist / Menschenmenge / Reporter / Mountainbike

3 Aus deinen drei Wörtern soll nun eine Geschichte entstehen. Überlege dir erst folgende Punkte und mache dir Notizen:

Soll deine Geschichte lustig, traurig, spannend ... werden?

Wann und wo spielt deine Geschichte?

Wer sind die Hauptpersonen?

4 Überlege dir die Handlung deiner Geschichte: Was ereignet sich?
Erzähle die Handlung jemandem, bevor du die Geschichte schreibst.
Das erleichtert dir das Schreiben. Mache hier Notizen.

5 Schreibe nun deine Reizwortgeschichte in dein Heft. Erfinde eine Überschrift. Tipp: Wörtliche Rede macht die Geschichte lebendig!

6 Überprüfe deine Geschichte mit Hilfe dieser Checkliste.
Wo du *Nein* ankreuzt, solltest du sie noch einmal überarbeiten.
Als Hilfe kannst du auf den angegebenen Seiten nachschlagen.

Checkliste für eine Reizwortgeschichte	Ja	Nein	
Kommen die drei ausgewählten Reizwörter vor?	◯	◯	
Spielen die Reizwörter eine wichtige Rolle?	◯	◯	
Kurze Einleitung, kurzer Schluss	◯	◯	(S. 8)
Hauptteil mit einem Höhepunkt	◯	◯	(S. 10)
Hast du verschiedene Satzanfänge benutzt?	◯	◯	(S. 4)
Hast du treffende Verben/Adjektive verwendet?	◯	◯	(S. 2)
Ist wörtliche Rede enthalten?	◯	◯	(S. 6)

7 Denke dir mit einem Partner zusammen mehrere neue Reizwörter aus. Schreibt jeweils beide eine Geschichte dazu und lest sie euch gegenseitig vor. Sind zwei verschiedene Geschichten entstanden?

8 Reizwortgeschichten schnell zu erfinden kannst du üben.
Lies die drei Reizwörter und denke dir in fünf Minuten eine Geschichte aus. Notiere nur Stichworte.

Bildergeschichte

1 Betrachte die Bilder. Überlege dir wie die Geschichte ausgeht.
Wenn du willst, kannst du ein passendes viertes Bild zeichnen.

2 Schreibe zu jedem Bild in Stichworten auf, was du siehst.

1. Bild: ______________________________

2. Bild: ______________________________

3. Bild: ______________________________

4. Bild: ______________________________

3 Wenn du zu Bildern eine Geschichte erzählst, muss sie der Leser auch ohne Bilder verstehen können. Deshalb ist es wichtig folgende Fragen in deiner Geschichte zu beantworten.

a) Wie kam es zu dieser Situation (Vorgeschichte)? ______________________________

b) Wo und wann spielt die Geschichte? ______________________________

c) Wie heißen die Personen? ______________________________

d) Was passiert? ______________________________

e) Was denken und sprechen die Personen? ______________________________

f) Wie fühlen sie sich und wie verhalten sie sich? ______________________________

g) Wie sehen die Personen aus (Kleidung, Körperhaltung, Gesichtsausdruck, Blickrichtung)?

____

4 Schreibe deine Geschichte nun in dein Heft und finde eine passende Überschrift. Der Tipp unten hilft dir. Wenn du wissen willst, ob deine Geschichte gelungen ist, überprüfe sie noch einmal mit Hilfe der Checkliste von Seite 9.

Tipp:

Eine Bildergeschichte gibt dir den Inhalt deiner Erzählung vor. Du musst die Erzählung aber so schreiben, dass sie auch ohne die Bilder verständlich ist.
Achte darauf, dass du auch den Übergang zwischen den Bildern ausführlich erzählst. Auch was man nicht sieht, musst du erzählen.

5 Du kannst auch zu *einzelnen* Bildern und Fotos eine Geschichte schreiben. Ordne die Wörter aus dem Kasten den beiden Bildern zu und schreibe sie darunter. Fallen dir selbst Stichworte ein?

wütend stehlen verliebt Einbrecher Hund wecken fliehen beobachten Freund bellen Rache

6 Wähle ein Bild aus und schreibe eine Geschichte.

a) Schreibe auf, wie die Geschichte deiner Meinung nach begonnen haben könnte (Vorgeschichte/Einleitung).

b) Welchen Höhepunkt hat dein Hauptteil?

c) Wie endet deine Geschichte?

Nacherzählung

1 Lies dir folgende Geschichte aufmerksam durch.

Tom war am Wochenende mit seinen Freunden Jens und Simon auf dem Jahrmarkt.
Tom und Simon wollten zuerst mit dem Kettenkarussell fahren. Jens fand das langweilig. „Ich gehe schon vor zum Autoskooter", rief er und verschwand. Simon hob etwas auf. „Sieh mal, was ich gefunden habe! Einen Geldbeutel", jubelte er. „Den geben wir am besten am Kassenhäuschen ab", schlug Tom vor. „Spinnst du?", erwiderte Simon, „da ist doch so viel Geld drin, damit könnten wir viel Spaß haben!" „Nein, das wäre Diebstahl!", lehnte Tom ab. In diesem Moment kam Jens ganz bleich zurück und rief: „Jemand muss meinen Geldbeutel gestohlen haben! Er ist weg!" Da lachte Simon schallend: „Ach dir gehört er – und wir wollten uns schon einen schönen Tag machen!"
Erleichtert steckte Jens seinen Geldbeutel ein und kaufte für alle Zuckerwatte und Eis – als Finderlohn! Anschließend stürmten sie gemeinsam zum Autoskooter.

2 Kannst du folgende Fragen beantworten?

a) Wer sind die Hauptpersonen? ______________________________

b) Wo und wann spielt die Erzählung? ______________________________

c) Was ist das wichtigste Ereignis? ______________________________

3 Bei einer Nacherzählung wird von der Handlung nur das Wichtigste wiedergegeben. Kreise unten die Stichworte ein, die du in der Geschichte für wichtig hältst.

Wochenende / Kettenkarussell / Geldbeutel gestohlen
Autoskooter / Zuckerwatte / verschwinden
Geldbeutel finden / am Kassenhäuschen abgeben
Spaß haben / bleich zurückkommen / jubeln / lachen
denken / Jahrmarkt / reich sein / einladen / gemeinsam
drei Freunde / zurückgeben / überlegen

4 Um die Geschichte nachzuerzählen, musst du die Stichworte aus Aufgabe 3 in die richtige Reihenfolge bringen. Schreibe sie auf.

____

____

5 Wie schreibt man eine gute Nacherzählung?
Setze alle Wörter richtig ein.

a) Lies dir den Text ______________________ durch.

b) Schreibe dir in Stichworten die ______________________ auf.

c) Nenne in deiner Einleitung die ______________________, den ______________________ und die ______________________.

d) Achte auf die ______________________ der Ereignisse.

e) Erfinde ______________________ dazu.

f) Verwende auch bei einer Nacherzählung ______________________.

g) Bilde __________ Sätze, vermeide Formulierungen aus dem Text.

h) Erzähle die Geschichte im ______________________ nach und verwende die ______________________ (er, sie, es), z. B.: Er ging.

3. Person Singular
Hauptpersonen
Zeit **nichts**
aufmerksam
wichtigsten Ereig-nisse **Ort**
richtige Reihenfolge
wörtliche Rede
eigene
Präteritum

6 Lies die folgende Nacherzählung zu der Geschichte.
Kreuze anschließend rechts an, welche Sätze auf diese Nacherzählung zutreffen.

Die drei Freunde waren auf dem Jahrmarkt. Sie fuhren alle mit dem Kettenkarussell. Jens ging dann weg. In der Zwischenzeit fanden Tom und Simon Jens' Geldbeutel. Da kam Jens zurück und sie stellten fest, dass es sein Geldbeutel war. Dann aßen sie Zuckerwatte und tranken Cola.

Die Einleitung ist vollständig.	◯
Es wurde nichts dazuerfunden.	◯
Es wurde wörtliche Rede benutzt.	◯
Es fehlen wichtige Einzelheiten.	◯

7 Die Nacherzählung aus Aufgabe 6 ist nicht gut gelungen.
Kannst du sie verbessern?

a) Überarbeite den Einleitungssatz, indem du die fehlenden Angaben einfügst.
Vorher: Die drei Freunde waren auf dem Jahrmarkt.

Besser: ____

____

b) Streiche im Text oben alle Angaben, die dazuerfunden wurden.

c) Verfasse nun eine eigene Nacherzählung zu der Geschichte.
Schreibe sie in dein Heft. Die Stichworte aus Aufgabe 4 helfen dir.

Einen Brief schreiben

1 Marvin ist nach Bremen umgezogen. Er schreibt seinem Freund Daniel einen Brief. Überprüfe: Hat er alle Punkte auf den Zetteln beachtet? Kreise rechts die Angaben ein, die im Brief fehlen.

Hallo Daniel! Bremen ist toll und auch meine neue Klasse ist ganz in Ordnung. Unser Klassenlehrer heißt Herr Schuhmann und ist echt gut drauf.
Aber unseren alten Fußballklub vermisse ich.
Schreib mir bald zurück.
Dein Marvin

Gruß am Schluss | **Ort** | **Datum** | **Anrede** | **Brieftext** | **Leerzeilen**

2 Wenn du einen Brief schreibst, musst du einiges beachten.
Welche der roten Begriffe sind richtig? Streiche die falschen durch.

Rechts oben stehen Angaben zu Adresse/Ort und Datum.
Zwischen Ort und Datum setzt du ein Komma/einen Punkt, z. B. Bremen, den 1.6.2001.
Nach einer Anrede/einem Abschiedsgruß folgt der Brieftext.
Du setzt nach der Anrede ein Komma oder einen Punkt/ein Ausrufezeichen. Nach einem Komma schreibst du klein/groß weiter. Nach einem Ausrufezeichen schreibst du groß/klein weiter.
Am Ende des Briefes steht die Telefonnummer/ein kurzer Gruß und die Unterschrift/die Adresse des Absenders.
Lasse jeweils nach Datum, Anrede, Brieftext 1 Seite/1 Zeile frei.

3 Daniel schreibt zurück an Marvin. Erfinde die fehlenden Teile.

____

____

Ich habe mich über deinen Brief sehr gefreut und lade dich zu meiner Geburtstagsfeier am Samstag, den 11. Dezember um 14 Uhr ein. Es wäre toll, wenn du kommst! Schreib bald zurück!

____

____

4 Rechts siehst du sieben Pronomen. Setze sie im folgenden Brief richtig ein. Achte auf Groß- und Kleinschreibung. Die Regel hilft dir.

Bremen, den 3.6.2001

Liebe Frau Schuster,

ich hoffe, es geht __________ gut. Unsere neuen Nachbarn sind fast so nett wie __________ es waren. Und __________ vermisse München fast nicht mehr, denn an der neuen Schule gefällt es __________ ganz gut. Morgen findet __________ erstes Fußballturnier statt, darauf freue ich __________ schon.

Viele Grüße

__________ Marvin

Regel:

Wenn du einen Brief an einen Erwachsenen schreibst, den du mit Sie ansprichst, verwendest du die höfliche Anrede.
Beispiel: Sehr geehrte Frau ...; Ihr Marvin/Ihre Anja

Pronomen (Fürwörter), die sich auf diese erwachsene Person beziehen, schreibst du groß.
Beispiel: Ihr Geschenk, ich danke Ihnen
Beachte: *du* und *euer* wird kleingeschrieben.

5 Bevor Marvin seinen Brief wegschicken kann, muss er zunächst den Briefumschlag richtig beschriften. Hilfst du ihm dabei?

a) Wie nennt man die Person, die den Brief wegschickt?

____

b) Wie nennt man die Person, die den Brief erhält?

____

c) Beschrifte den Umschlag. Erfinde die beiden Adressen.

Vorgangsbeschreibung: Rezept

1 Hast du schon einmal *Crêpes* gegessen? Das sind französische Pfannkuchen, die du selbst einfach backen kannst.

Sieh dir die Bilder genau an und schreibe auf, welche Gegenstände und Zutaten du benötigst.

Gegenstände: *Schüssel* ______________________________

Zutaten: ______________________________

2 Lies die Arbeitsschritte auf den Streifen durch. Ordne die Schritte und schreibe sie in der richtigen Reihenfolge auf. Trage dann das Lösungswort ein. Beachte: Drei Sätze gehören nicht dazu!

250 g Mehl in eine Schüssel geben [R]

in den Backofen stellen [U]

einen Schöpflöffel Teig hineingießen [P]

Crêpes wenden [T]

Stück Butter in die Pfanne geben [E]

Käse reiben [L]

alles zu einem Teig verrühren [Z]

Teig kneten [A]

4 Eier, 1/8 l Milch und Prise Salz hinzufügen [E]

1. ______________________________
2. ______________________________
3. ______________________________
4. ______________________________
5. ______________________________
6. ______________________________

Lösungswort:

1	2	3	4	5	6

3 Rezepte können in Aufforderungssätzen formuliert werden.
Schreibe die Stichworte aus Aufgabe 2 in Aufforderungssätze um.

1. *Gib 250 g Mehl in eine Schüssel.*
2. ______
3. ______
4. ______
5. ______
6. ______

Tipp:

Wenn du einen Vorgang beschreibst, ist die Reihenfolge der Arbeitsschritte wichtig. Beschreibe sachlich und genau. Entscheide, welche Form der Ansprache du wählst. Bleibe dann bei der gewählten Form.
1. Unpersönlich: Man gibt Mehl in die Schüssel.
2. Als Aufforderung: Gib Mehl in die Schüssel.
3. Ansprache mit *du*: Du gibst Mehl in die Schüssel.

Eine Vorgangsbeschreibung steht immer im Präsens.

4 Vervollständige nun dein eigenes Crêpes-Rezept.
Setze die Sätze aus Aufgabe 3 in die 2. Person (du).
Achte auf unterschiedliche Satzanfänge.

Crêpes

Zutaten:

______

______

Gegenstände:

______

______

So wird es gemacht:

Zuerst gibst du 250 g Mehl in eine Schüssel. Dann ______

______

______

______

______

______

Bon appétit!

5 Lege dir ein eigenes Rezeptbuch mit deinen Lieblingsrezepten an!

Vorgangsbeschreibung: Bastelanleitung

Hast du Lust in deinem eigenen Kurzfilm Regie zu führen?
Dann bastle dir ein **Daumenkino**.
Dafür brauchst du: Bleistift, Farbstifte, Radiergummi, Schere, Papier, Tacker.

1 Setze die Verben zusammen, die du für das Schreiben der Bastelanleitung benötigst.

-blät- zeich- -den durch-
ma- -men- -ten zu- fal-
-tern -hef- -schnei-
-len -ten -sam- zer- -nen

2 Auf den Bildern siehst du die einzelnen Arbeitsschritte, die du zur Herstellung deines Films ausführen musst. Schreibe unter jedes Bild das passende Verb.

Titelbild

3 Bei jeder Anleitung ist es wichtig, dass du die Reihenfolge einhältst. Trage die richtige Reihenfolge der Arbeitschritte ein.

- ◯ Papierstücke an der Seite zusammenheften
- ◯ Das Daumenkino schnell durchblättern
- ◯ DIN-A4-Blatt 4-mal falten, sodass 12 Rechtecke entstehen
- ◯ Das gefaltete Blatt in 12 Rechtecke zerschneiden
- ◯ Auf oberstes Blatt ein Titelbild malen
- ◯ 12 Bilder zeichnen, die sich nur leicht unterscheiden

4 Schreibe nun eine vollständige Bastelanleitung für das Daumenkino. Formuliere Aufforderungssätze, z. B.: Falte das Papier. Nimm … . Wähle unterschiedliche Satzanfänge.

Du brauchst dazu:

____

So gehst du vor:

1. *Falte ein DIN-A4-Blatt 4-mal, sodass* ______________________________
2. ______________________________
3. ______________________________
____
4. ______________________________
5. ______________________________
6. ______________________________

5 Trage die fehlenden Wörter in die Lücken ein.

Checkliste für eine Vorgangsbeschreibung

1. Benenne genau ______________, das du brauchst.
2. Beachte die richtige ______________ der Arbeitsschritte.
3. Beschreibe genau, welche ______________ du ausführen musst.
4. Benutze das ______________ (Gegenwart).
5. Verwende treffende ______________.
6. Achte auf unterschiedliche ______________.

Tätigkeiten
das Material **Verben**
Reihenfolge **Präsens**
Satzanfänge

Gegenstandsbeschreibung

1 Drei Schüler vermissen ihren Geldbeutel. Wer bekommt seinen Geldbeutel wahrscheinlich schnell zurück? Schreibe den Namen auf und begründe deine Entscheidung.

Die Suchanzeige von ____________ ist am besten, weil ____________

____

2 Du hast diesen Geldbeutel verloren und möchtest ihn wiederhaben. Notiere dir zunächst einige Stichworte, um den Geldbeutel genau zu beschreiben.

Farbe: ____________

Form: ____________

Material: ____________

Besonderheiten: ____________

____

3 Um den Geldbeutel zu finden, hängst du einen Zettel ans schwarze Brett. Beschreibe den Geldbeutel genau. Diese Wörter und der Tipp auf Seite 33 helfen dir:
auf einer Seite, sich befinden, beschädigt, Kante

Geldbeutel verloren!

____

____

____

____

____

4 Finde je vier Adjektive, die das Material genau beschreiben.
Überlege: Wie sieht es aus? Wie fühlt es sich an?

Metall: hart, glänzend, ____________ Leder: ____________

Glas: ____________ Holz: ____________

Wolle: ____________ Seife: ____________

Tipp:

**Eine Gegenstandsbeschreibung muss genau sein, damit sich der Leser den Gegenstand vorstellen kann.
Beginne mit allgemeinen Angaben (z. B. Form, Größe, Farbe, Material), beschreibe dann die Einzelheiten und Besonderheiten (z. B. beschädigte Stellen, Beschriftung).
Adjektive eignen sich dafür besonders gut.**

5 Wähle eines der Mäppchen aus und beschreibe es genau.
Anschließend liest du die Beschreibung jemandem vor.
Erkennt die Person, welches Mäppchen du beschrieben hast?

6 Ergänze die Sätze und präge sie dir gut ein.

Checkliste für eine Gegenstandsbeschreibung

1. Nenne zuerst den ____________, z. B.: Ich vermisse meine Uhr.
2. Schreibe dann jede ____________ des Gegenstands genau auf.
3. Beachte dabei das ____________, die Farbe, die ____________, die Form und seine ____________.
4. Verwende ____________ und Verben.
5. Wähle unterschiedliche ____________.

Material
Besonderheiten
Einzelheit Größe
Gegenstand
treffende Adjektive
Satzanfänge

Personenbeschreibung

1 Der Häftling Ingo Patzke wird gesucht. Betrachte sein Bild genau und schreibe die Wörter auf, die ihn treffend beschreiben.

____

____

____

____

____

dunkelhäutig freundlich
Narbe kräftiges Kinn
Vollbart schielt
kurze braune Haare
schmales Gesicht
Locken Glatze Warze
Zahnlücke Schnurrbart

2 Wenn eine Person gesucht wird, ist nicht nur das Gesicht entscheidend, sondern auch andere Merkmale der Person. Suche die Merkmale aus der Beschreibung heraus.

Heute Morgen brach der 32-jährige Ingo Patzke aus der Haftanstalt Neukirch aus. Er ist etwa 1,80 m groß und trägt ein dunkelblaues T-Shirt und Jeans. Ingo Patzke hat einen Schnauzbart und kurze braune Haare. Seine Augen sind grün. Er ist sehr muskulös und humpelt. Auf dem linken Oberarm trägt er eine Tätowierung. Am linken Ohr hat er einen Ohrring, an der linken Wange eine Narbe.

Größe: ______________ Augen: ______________

Haare: ______________ Alter: ______________

Kleidung: ______________________________

Besonderheiten: ______________________________

3 Welche Aussagen stimmen? Kreuze an.

	richtig	falsch
1) Bei einer Personenbeschreibung wird genau beschrieben, wie die Person aussieht (mit ihren Besonderheiten, z. B. hinken).	◯ S	◯ T
2) Es werden auch Gefühle und Hobbys beschrieben.	◯ O	◯ U
3) Zuerst wird die Gesamterscheinung beschrieben, dann werden die Einzelmerkmale genannt.	◯ P	◯ N
4) Eine Stichwortsammlung (Adjektive, Nomen) ist hilfreich.	◯ E	◯ N
5) Es ist wichtig zu wissen, was die Person gerne isst.	◯ E	◯ R

Lösungswort:

1	2	3	4	5

4 Einer dieser Jungen wird als vermisst gemeldet. Auf welchen Jungen passen die Merkmale im gelben Kasten? Trage ein.

etwa 1,60 m groß
blond
Ohrring am rechten Ohr
spitze Nase
schlank
lockige Haare
Narbe an der Wange

Junge Nr. ☐

5 Ordne die Wörter aus dem gelben Kasten den Oberbegriffen zu.

Haare: ____________________ Gesicht: ____________________

Körper: ____

Besonderheiten: ____

6 Notiere in Stichworten: Welche Kleidung trägt der Junge?

____

7 Schreibe mit Hilfe der Stichworte eine Suchanzeige zu dem Bild.
Achte auf unterschiedliche Satzanfänge.
Als Kontrolle kannst du deine Personenbeschreibung jemandem vorlesen. Findet derjenige das richtige Bild?

Der vermisste Junge ____

____

____

____

____

8 **Schreib-Tipp:** Beschreibe eine Person aus deinem Freundeskreis genau, ohne ihren Namen zu nennen. Sammle zuerst Stichworte. Gib deine Personenbeschreibung anschließend jemandem, der diese Person auch kennt. Errät er, wer gemeint ist?

Verletzte bei Popkonzert

Münster – Beim Konzert der Popgruppe *Two 4 You* im Waldstadion ereignete sich ein Unfall. Die begeisterten Fans rückten während des Konzerts immer näher zur Bühne auf. Dabei wurden zwei 15-jährige Mädchen gegen die Absperrung gedrückt und erlitten leichte Verletzungen.

1 Lies den Zeitungsbericht genau durch und beantworte dann die Fragen. Beachte: Bei einigen Fragen musst du Antworten erfinden, weil sie im Bericht nicht angegeben sind!

1. Wann fand das Konzert statt? ______________________
2. Wo spielte die Band? ______________________
3. Wie heißt die Popgruppe? ______________________
4. Was ereignete sich während des Konzerts? ______________________
5. Wie geschah der Unfall? ______________________

   ____
6. Wer wurde verletzt? ______________________
7. Welche Verletzungen erlitten die Personen? ______________________
8. Was geschah mit den Verletzten? ______________________

   ____

Regel:

Ein Bericht muss sachlich, knapp und genau sein. Es werden tatsächlich geschehene Ereignisse beschrieben.

Alle wichtigen Informationen über das Ereignis sind enthalten: Zeitangaben (wann?), Ortsangaben (wo?), Personenangaben (wer?), Angaben zum Geschehen (was ist wie passiert?), Hinweise auf die Folgen.

2 Verbessere den Bericht oben, indem du deine erfundenen Angaben aus Aufgabe 1 einfügst. Schreibe den Text in dein Heft. Die Regel hilft dir. Vergleiche zum Schluss mit der Checkliste auf Seite 37.

In Münster ereignete sich beim Konzert der Popband Two 4 You am ...

3 Nina ist Zeugin des Unfalls beim Konzert geworden. Sie schreibt einen Brief an die Polizei und berichtet, was sie gesehen hat. Ein Bericht steht immer im Präteritum, z. B.: sie rannte. Überprüfe die Verbformen und schreibe sie verbessert auf die Schreiblinie.

Münster, den 5.5.2001

Sehr geehrter Herr Polizist,

ich sah ① den Unfall beim Konzert der Gruppe *Two 4 You*. Mann, war ② das ein Durcheinander. Ich hatte ③ richtig Angst in der Menge. Während des Konzerts rücken ④ die Fans näher zur Bühne auf und es wird ⑤ immer enger. Ich bekomme kaum noch Luft ⑥. Dann werden plötzlich zwei Mädchen gegen eine Absperrung gedrückt ⑦. Dabei wurden sie verletzt ⑧. Zum Glück sind gleich zwei coole Nothelfer gekommen ⑨. Ansonsten war ⑩ das Konzert super.

Herzliche Grüße
Nina Klein

④ rückten

4 In einen Bericht gehören nur sachliche Informationen, d. h. keine Gefühle oder Gedanken. Überprüfe Ninas Bericht und streiche die Sätze, in denen sie ihre Gefühle und Gedanken beschreibt.

5 Ninas Bericht enthält noch andere Angaben, die nicht sachlich sind. Schreibe sie auf. Die Checkliste unten hilft dir.

coole Nothelfer,

Checkliste für einen Bericht	Ja	Nein
Sind alle W-Fragen beantwortet? (Wann? Wo? Wer? Was? Wie? Welche Folgen?)	○	○
Wird in der richtigen zeitlichen Reihenfolge berichtet?	○	○
Ist der Bericht sachlich? Beachte: keine Gefühle, Gedanken oder persönliche Meinung, keine Umgangssprache oder wörtliche Rede.	○	○
Steht der ganze Bericht im Präteritum (Vergangenheit)?	○	○

6 Jans Mutter schreibt einen Bericht an die Versicherung. Jan hat im Sportunterricht die Brille seines Mitschülers beschädigt. Die Versicherung soll die Brille ersetzen. Welche Einleitung ist die beste? Begründe deine Meinung, der Tipp unten hilft dir.

(A) Als Jan beim Handballspiel ausholte, ereignete sich das Missgeschick. Er schlug einem Mitschüler die Brille vom Gesicht.

(B) Am 05.07.2001 um 9.10 Uhr beschädigte Jan Klein während des Sportunterrichts in der Talschule (Bonn) die Brille seines Mitschülers Lars Neumann.

(C) Jan besucht die Talschule (Bonn). Im Sportunterricht sind die Schüler oft sehr wild. Beim Handballspiel beschädigte Jan beim Ausholen mit dem Ball die Brille seines Mitschülers. Dies geschah am 05.07.2001 um 9.10 Uhr. Es tat ihm Leid.

Einleitung ______ ist die beste, weil ____________________________

____

Tipp:

Die Einleitung eines Berichts sollte nur zwei bis drei Sätze umfassen. Die wichtigsten Informationen müssen hier bereits genannt werden, damit der Leser weiß, um was es geht:

Wann? → Zeitangabe
Wo? → Ortsangabe
Wer? → Personenangabe
Was? → kurzer Hinweis auf den Vorfall

Gefühle, Gedanken und Kommentare solltest du vermeiden.

7 In der Schulpause ist dein Getränk umgekippt. Die Lederjacke deiner Freundin wurde durch die Flüssigkeit beschädigt. Schreibe eine Einleitung für einen Bericht an die Versicherung.

____

____

____

8 Wie könnte sich das Missgeschick genau ereignet haben? Schreibe den Bericht zu Ende, indem du auf die Einzelheiten und Folgen des Geschehens eingehst. Schreibe den Text in dein Heft.

9 Lena hat vom Balkon aus einen Unfall in ihrer Straße beobachtet. Sie ist die einzige Zeugin und erzählt allen, was sie gesehen hat. Welche Version erzählt sie wem? Verbinde die Sprechblasen mit den Gesichtern.

① Der Lukas von Kramers nebenan wurde von einem Auto angefahren! Ich habe einen lauten Knall gehört und dann lag Lukas auf der Straße!

② Ein roter Sportwagen bog mit hoher Geschwindigkeit in die Karlstraße ein. Er konnte dem Fahrradfahrer nicht mehr ausweichen und rammte ihn.

③ Mensch, war das ein Knall! Der rote Flitzer kam vielleicht um die Ecke geschossen! Na, und dann hat er den Lukas voll umgenietet!

10 Die Sprache, die man wählt, muss zur Situation passen. Im Bericht muss die Sprache sachlich sein. Finde einen sachlichen Begriff für jeden Ausdruck und schreibe auf.

a) Drahtesel ______________________ b) dicker Schlitten ______________________

c) in jemanden reinfahren ______________________ d) voll kaputt ______________________

e) rasen ______________________ f) Krach machen ______________________

11 Berichte schreibt man immer im Präteritum (Vergangenheit), z. B. *sie fiel*. Setze die Verben ins Präteritum.

Präsens (Gegenwart)	Präteritum (Vergangenheit)
sie geht	
wir laufen	
er nimmt	
ich rufe	
sie stürzen	

12 Lena muss für die Polizei einen Bericht über den Unfall schreiben. Was könnte sie schreiben? Verfasse diesen Bericht. Überlege dir zuerst, wie der Unfall genau geschehen sein könnte.

Wiederholung

Hier kannst du den Stoff des Heftes noch einmal wiederholen.
Auf Seite 43 findest du eine Kurzübersicht über alle Aufsatzarten.
Schau dort nach, wenn du eine Aufgabe nicht lösen kannst.

1 Dieser Ausschnitt aus einer Erzählung klingt langweilig.
Ergänze wörtliche Rede und schreibe den neuen Text auf die Linien.
Achte auf die Satzzeichen.

Gerade noch rechtzeitig sprangen Uli und Mansur in den Bus. Vollkommen außer Atem warfen sie sich auf eine Bank. Da bemerkte Mansur, dass er seine Schwimmtasche im Hallenbad vergessen hatte. Es blieb ihm nichts anderes übrig als an der nächsten Haltestelle wieder auszusteigen und zurückzulaufen.

2 Erzähle diesen Höhepunkt einer Geschichte aus der Sicht des Diebes nach. Schreibe in dein Heft.

Sven sah den Dieb aus dem Laden laufen und fuhr ihm nach. Kurz vor der S-Bahnhaltestelle war er auf gleicher Höhe. Er warf sein Rad zu Boden und packte den Dieb am Anorak. „Sie, geben Sie den gestohlenen Schmuck zurück! Ich habe genau gesehen, wie sie die Kette geklaut haben!“ Da hielt eine Bahn. Der Mann stieß ihn fort und sprang hinein. „Du kleiner Lausebengel, was erlaubst du dir eigentlich!“, rief er Sven zu. Dann fuhr die S-Bahn davon.

3 Welche Satzanfänge kennst du, um die Arbeitschritte in einer Vorgangsbeschreibung miteinander zu verbinden? Schreibe sie auf.

zuerst, am Anfang,

4 Schreibe mit Hilfe der Bilder die Bastelanleitung für den Drachen.

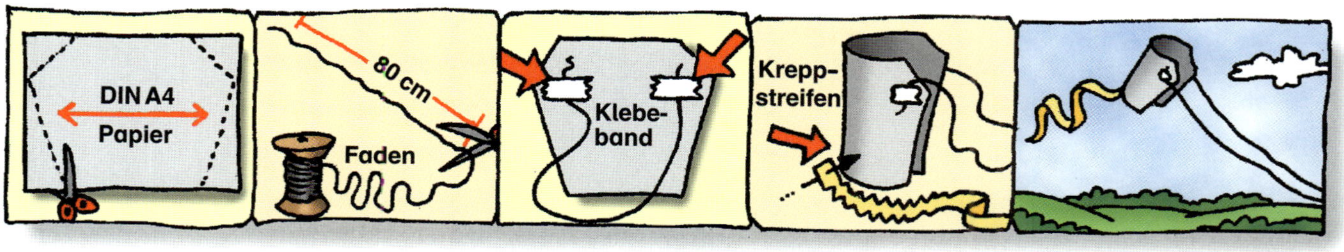

1.
2.
3.
4.
5.

5 Du hast diese Tasche verloren und willst sie wiederhaben. Verfasse eine genaue Beschreibung.

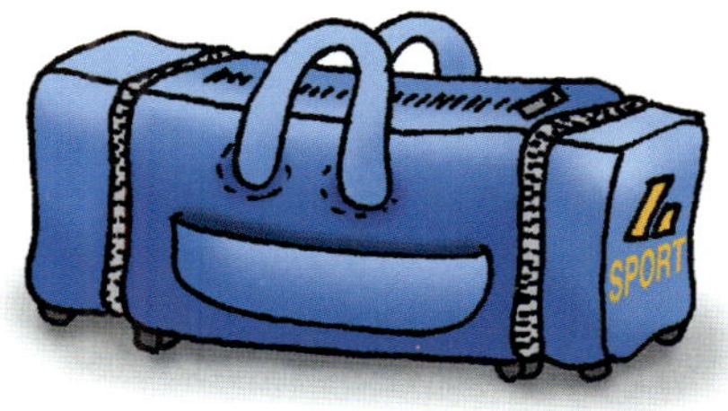

6 Anja hat einen Unfall beobachtet. Sie erzählt einer Freundin davon. Schreibe ihre Erzählung so um, dass ein Bericht für die Polizei daraus wird. Denk daran: keine Gefühle, sachlich, kurz!

Meine Güte, ist der blaue Lkw schnell gefahren. Aber der Golf war auch nicht langsam. Da hat's dann geknallt. Am Goetheplatz. Ich habe es genau gesehen. Der Golf hat überholt, in dem Moment kam der LKW entgegen. Die Polizei war dann aber zum Glück im Nu da. Den zwei Fahrern ist nicht viel passiert.

Wiederholung

7 Kreuze die Sätze an, die *richtig* sind. Wenn du richtig ankreuzt, ergibt sich ein Lösungswort. Lies es von oben nach unten.

Bei Vorgangsbeschreibungen muss die Reihenfolge stimmen.	☐	B
Vorgangsbeschreibungen musst du in der Befehlsform schreiben.	☐	I
Berichte sollen informieren über die Fragen: Wer? Wann? Wo? Was? Wie? Welche Folgen?	☐	R
Berichte sollten Gefühle enthalten.	☐	T
Du schreibst einen Bericht in der Vergangenheit.	☐	A
Im Brief schreibst du Anredepronomen wie *Sie*, *Ihre* groß.	☐	V
In einem Brief stehen Ort und Datum links oben.	☐	T
Ein Brief beginnt mit einer freundlichen Anrede.	☐	O

8 Löse das Kreuzworträtsel (Ü = Ü).

1 In Erzählungen kommen ... vor.
2 Wenn verschiedene Personen von einem Erlebnis erzählen, hat jeder eine andere ...
3 Vor dem Schreiben machst du dir ...
4 Wörtliche Rede macht deinen Aufsatz ...
5 Nenne in der Einleitung Ort, Zeit und ...
6 Prüfe: Steht jedes ... in der gleichen Zeitform?

9 Wie heißen die drei Teile, die zu einer Erzählung gehören?

10 Wie nennt man die spannendste Stelle in einer Erzählung?

11 Was verwendest du, um eine Erzählung spannend zu gestalten?

12 Bei einer Gegenstandsbeschreibung nennst du z. B. die Farbe des Gegenstandes. Was noch?

13 Welche Einzelheiten nennst du bei einer Personenbeschreibung?

Aufsatztipps auf einen Blick

Das ist eine Übersicht über alle Punkte, die du beim Aufsatzschreiben beachten solltest. Kopiere sie dir und hänge sie als Merkhilfe an deine Pinnwand.

Darauf solltest du immer achten:

- Vermeide Wiederholungen.
- Verwende unterschiedliche Satzanfänge und abwechslungsreiche Verben.
- Bleibe bei der gewählten Erzählzeit (Präsens oder Präteritum).

Erzähltexte:

Erzähltexte sind z. B. Erlebniserzählung, Nacherzählung, Reizwortgeschichte ...
Die Erzählzeit ist das Präteritum.
Aufbau einer Erzählung:

- Einleitung: Nenne Personen (wer?), Ort (wo?) und Zeit (wann?).
- Hauptteil: Was genau hat sich ereignet? Zögere den Höhepunkt etwas hinaus, um Spannung zu erzeugen. Erzähle den Höhepunkt ausführlich und anschaulich. Beschränke dich auf ein Ereignis.
- Schluss: Schließe die Erzählung mit wenigen Sätzen ab. Schildere kein neues Ereignis.

Spannend schreiben:

- Beschreibe Gefühle und Gedanken.
- Setze wörtliche Rede ein.
- Benutze anschauliche Adjektive, z. B. finster, atemlos, unheimlich.

Brief:

	Ort, Datum *Leerzeile*
Anrede *Leerzeile* Brieftext *Leerzeile* Gruß Unterschrift	

Beschreibung:

Für alle Arten von Beschreibungen gilt: Beschreibe immer im Präsens (Gegenwart). Beginne mit dem Allgemeinen und beschreibe dann Einzelheiten.

Vorgangsbeschreibung:

- Entscheide dich für eine Form der Anrede (*man*, eine Aufforderung, *du/Sie*)
- Halte die Reihenfolge der Arbeitsschritte ein.
- Benenne das Material und die Tätigkeiten genau.

Gegenstandsbeschreibung:

- Beschreibe Form, Größe, Farbe, Material und Besonderheiten.
- Achte auf treffende Adjektive.

Personenbeschreibung:

- Beschreibe Größe, Haare, Kleidung, Augen, Alter, Besonderheiten.
- Beschränke dich auf das, was du siehst. (Schreibe *nicht* über Hobbys o. Ä.)

Bericht:

Ein Bericht ist ein sachlicher Text, der kurz und genau informiert. Es werden nur tatsächlich geschehene Ereignisse beschrieben.

- Berichte stehen immer im Präteritum (Vergangenheit).
- Achte auf sachliche Sprache. Verwende *keine* umgangssprachlichen Ausdrücke. Berichte *nicht* über Gefühle und Gedanken.
- Beschreibe knapp und genau.
- Beantworte die W-Fragen: Wer? Was? Wann? Wo? Wie? Welche Folgen?
- Die Einleitung ist kurz (2–3 Sätze). Nenne hier Personen (wer?), Ort (wo?), Zeit (wann?) und Art des Ereignisses (was?) Beschreibe erst später genauer.

LÖSUNGEN

Bei vielen Aufgaben findest du Musterlösungen (**ML**), die natürlich von deinen Lösungen abweichen können.

2

1) erzählen, erklären, bemerken, erwidern, plaudern, rufen, flüstern, antworten, meinen, reden, ahnen

2) ML: Also rief ich meine Freundin Nina an und **fragte**: ...
„Ja, gute Idee“, **antwortete** sie.
Am Nachmittag **liefen wir** in die Stadt.
Ich **meinte**: ...
Nina **erwiderte** erfreut: ...
Wir **stellten uns** zu den Jungen **nach vorne**.
... und **schlenderten** zum Kiosk.

3) ML: ein Fest **veranstalten/organisieren**,
Pläne **schmieden**, Essen **vorbereiten**,
„Das **macht viel Arbeit**.“,
„Könntest du mir einen Kuchen **backen**?“,
„Du kannst selbst **backen**.“,
einen schönen Tag **verbringen**

3

4) ML: schöne Hauptdarstellerin, **schlauen** Tricks, **hinterhältige** Gauner, **lustige** Sprüche, **traumhafter** Mann, **kluge** Frau

5) der **tonnenschwere** Lastzug,
das **steinharte** Brot,
die **spiegelglatte** Straße,
die **eiskalte** Limonade

6) schnell: eilig, flink, hastig, geschwind, blitzschnell, flott, rasch, blitzartig, rasant, augenblicklich, wie der Blitz ...
schrecklich: furchtbar, entsetzlich, fürchterlich, katastrophal, schlimm, scheußlich, grauenhaft, haarsträubend, gruselig, abscheulich ...
schön: herrlich, wunderbar, reizend, hübsch, niedlich, bezaubernd, himmlisch, hinreißend, nett, prachtvoll, angenehm, entzückend, gut ...

4

1) Sarahs Brief klingt eintönig und langweilig, weil die Satzanfänge immer gleich sind.

2) ML: Heute haben wir ...
Wir haben auf riesige Papierbogen gemalt und diese **anschließend** auf Holz geklebt.
Uli ist in einen Farbeimer getreten.
Bis er den Eimer wieder vom Fuß hatte, dauerte es eine Weile.
Danach ist er mit den Schuhen ...
Wir mussten **daraufhin** ewig putzen.
Es wurde spät.
Darum war Mama wütend.

3) Heute geht sie zur Theaterprobe.
Danach trifft sie sich mit Nina.
Zusammen gehen sie noch ins Eiscafé.

5

4) Uli tritt beim Basteln in einen Farbeimer.
Er hat ihn übersehen.
Nina kommt mit zur Theaterprobe.
Sie gefällt ihr gut.

5) ML: Uli hat nicht aufgepasst und tritt (deshalb) in den Farbeimer.
Als Sarahs Mutter sich das Theater ansieht, ist sie stolz auf Sarah.

6) ML: Liebe Sarah!
Vielen Dank für deinen Brief! Heute bin ich zu spät in die Schule gekommen. Als ich ins Klassenzimmer gerannt bin, bin ich gestolpert und hingefallen. Alle haben gelacht und unser Lehrer war wütend. Daraufhin hat er uns viele Hausaufgaben aufgegeben. Anschließend hatte ich Nachmittagsschule. Ein furchtbarer Tag!
Schreib mir bald wieder,
deine Julia

6

3) Anna fragt: „Wer kann mir einen Stift leihen?“
„Ich nicht“, ruft Sven, „du leihst mir auch nie was!“
„Warte mal“, meint Lena, „ich gebe dir einen.“
„Vielen Dank, das ist nett von dir“, antwortet Anna.

7

4) ML: Wörtliche Rede macht den Text lebendiger und spannender.

6) flüstern – wispern, antworten – erwidern, erzählen – berichten, schreien – rufen, reden – sprechen, überlegen – nachdenken, sich erkundigen – fragen

7) ML: „Anna, Lisa **erzählt**, dass Maike ...!“, **flüstert** Janine. „Das hat sie **gesagt**?“, **fragt** Anna, „und was **meint** Maike selbst dazu?“ Janine **antwortet:** „Die **sagt** gar nichts, also ...!“ „Das **glaubst** du, aber ob es ...?“, **überlegt** Anna. „Sicher! Komm, **erzählen** wir es Sophie!“, **ruft** Janine.

8

1) Einleitung: Zeltlager, schlafen
Hauptteil: Schreck, rascheln, mitten in der Nacht, unheimliche Geräusche, ums Zelt schleichen, Jungen aus dem Nachbarzelt
Schluss: wieder einschlafen, am nächsten Morgen, lachen

2) a) Ort, Zeit, Personen
b) Ort, Personen
c) Ort, Zeit

LÖSUNGEN

9

3) In den Sommerferien fuhr ich mit meiner Freundin Sarah ins Zeltlager in die Berge. Der erste Tag war sehr anstrengend, wir waren alle sehr müde. Nach dem Essen ...

4) ML: Sarah war mit ihrer Freundin Anja ins Sommerzeltlager in die Berge gefahren. Am ersten Abend wachte sie mitten in der Nacht auf. Irgendetwas hatte geraschelt. „Du Anja“, flüsterte sie, „wach auf, da draußen sind so seltsame Geräusche!“ Anja blinzelte sie verschlafen an. Sarah sah richtig blass aus. „Schau eben nach“, murmelte Anja und setzte sich auf. Sie lauschte. Dann grinste sie: „Ganz ruhig, ich glaube ich weiß, was das ist.“ Sie stand auf, steckte ihren Kopf aus dem Zelt und rief: „Kinder geht zurück ins Bett. Ich bin einfach zu müde, um jetzt mit euch zu spielen.“
Schmunzelnd drehte sie sich um: „Siehst du, so einfach war das. Deine Gespenster waren die Kleinen aus dem Nachbarzelt.“
Am Morgen erinnerten sie sich lachend an den Scherz in der Nacht und beschlossen, in der nächsten Nacht den Jungen einen Schreck einzujagen.

10

1) Einleitung: Kai hatte … angerufen.
Hauptteil: Kai stand … Ersatzschlüssel zu leihen.
Schluss: Die Party …

3) ML: Was für ein Schreck! Ohne Schlüssel stand Kai halb nackt im Treppenhaus – und gleich würden seine Gäste eintreffen.
Voller Panik überlegte er. Die Nachbarin Frau Schneider konnte ihm vielleicht helfen. Kai klingelte. Niemand öffnete die Tür. „So ein Mist!“, dachte Kai. Ein Mann, den Kai nicht kannte, kam die Treppe herunter. Er schüttelte den Kopf und sagte: „Diese Jugend heutzutage!“ Kai klingelte nochmals. Zum Glück öffnete Frau Schneider jetzt die Tür. „Na, du bist aber gewagt gekleidet“, lachte sie. „Ich habe mich ausgesperrt“, antwortete Kai zerknirscht, „können Sie mir bitte helfen?“ Frau Schneider gab ihm sofort einen Ersatzschlüssel.

11

4) In der Einleitung fehlt Ort und Zeit. Der Schluss ist zu kurz.

7) PARTY

12

1) Mittelalter, Schatz in der Burg, Ritter
Bankraub, Wilder Westen, Sheriff wird erpresst
Reise zum Mars, Zukunft, Begegnung mit Außerirdischen

14

2) Sarah wird in den Bildschirm gesogen und landet im Dschungel. Jasmin verwandelt sich.

3) ... spürte sie einen Sog. Etwas zog sie ...

15

6) schießen/ich schieße/ich schoss
ziehen/ich ziehe/ich zog
drehen/ich drehe/ich drehte
rennen/ich renne/ich rannte

17

3) a) Zähne b) Herz c) Rücken d) Körper
e) Die Haare standen mir zu Berge.

4) plötzlich, stockfinster, schauerlich, klappern, streiten, wispern, huschen, Schatten, geheimnisvoll, flackern;
andere Wörter: atemlos, bedrohlich, schleichen, knarren

6) ML: Heute beobachtete ich in der Fußgängerzone einen Taschendieb. Er stand an einer Hauswand und beobachtete das Gedränge der Leute vor ihm. Mit grimmiger Miene starrte er in die Menge. Plötzlich grinste er verstohlen und ging auf eine Frau im Pelzmantel zu ...

18

3) 1. Satz: Ich-Perspektive (Anjas Sicht)
2. Satz: Beobachter-Perspektive

19

4) 2. Ich wollte sie auf mich aufmerksam machen und lehnte mich ...
3. Erst jetzt bemerkte mich das Mädchen und kam, um mir zu helfen.

5) ML: Peinlicher Einkauf
Alles hat damit angefangen, dass ich ein nettes Mädchen sah. Um sie möglichst locker anzusprechen, lehnte ich mich lässig an einen Turm Konservendosen. Doch er stürzte um und hunderte von Dosen polterten auf den Boden – wie peinlich! Aber das Mädchen hat mir sofort geholfen.
Als das Chaos beseitigt war, gingen wir ein Eis essen und erzählten uns lachend von anderen peinlichen Erlebnissen.

20

1) einen Platten, Streich, Radtour

22

2) 1. Ein blondes Mädchen steht mit seinem Rad vor dem Zeitungskiosk.
2. Sie beobachtet, wie ein anderes Mädchen eine Zeitschrift klaut.
3. Das Mädchen rennt davon.
4. …

23

5) 1. stehlen, Einbrecher, Hund, wecken, fliehen, bellen
2. wütend, verliebt, beobachten, Freund, Rache

24

2) a) die drei Freunde Tom, Jens, Simon
b) auf dem Jahrmarkt, am Wochenende
c) Jens verliert seinen Geldbeutel, sein Freund Simon findet ihn wieder.

4) Wochenende/Jahrmarkt/drei Freunde/Kettenkarussell/Autoskooter/Geldbeutel finden/überlegen/bleich zurückkommen/Geldbeutel gestohlen/lachen/zurückgeben/einladen

25

5) a) aufmerksam b) wichtigsten Ereignisse
c) Hauptpersonen, Ort, Zeit d) richtige Reihenfolge
e) nichts f) wörtliche Rede g) eigene
h) Präteritum, 3. Person Singular

6) Es fehlen wichtige Einzelheiten.

7) a) Am Wochenende waren Tom und seine Freunde Jens und Simon auf dem Jahrmarkt.
b) Jens fährt nicht mit dem Kettenkarussell. Simon findet einen Geldbeutel. Sie essen Zuckerwatte, Cola trinken sie nicht.
c) Am Wochenende gingen die Freunde Tom, Jens und Simon auf den Jahrmarkt. Als Erstes wollten Tom und Simon Kettenkarussell fahren. Jens fand das langweilig und ging schon vor zum Autoskooter. Da fand Simon einen Geldbeutel. Er überlegte mit Tom, was sie mit dem Geld machen sollten. Tom schlug vor: „Den geben wir am besten sofort am Kassenhäuschen ab." Aber Simon wollte das Geld lieber ausgeben. Tom hielt das für Diebstahl. Noch bevor daraus ein ernsthafter Streit wurde, kam Jens zurück. Er war ganz bleich. „Jemand muss meinen Geldbeutel gestohlen haben!", rief er, „er ist weg!" Der gefundene Geldbeutel gehörte also Jens. „Wir wollten uns schon einen schönen Tag machen!", lachte Simon und gab Jens den Geldbeutel zurück. Als Finderlohn spendierte Jens ihnen etwas Süßes und dann liefen sie schnell zusammen zum Autoskooter.

26

1) Gruß am Schluss/Ort/Datum/Leerzeilen

2) Richtig ist: Rechts oben stehen **Ort und Datum**. Zwischen Ort und Datum setzt du ein **Komma** … Nach einer **Anrede** ... ein Komma oder ein **Ausrufezeichen**. Nach einem Komma … **klein** weiter. Nach einem Ausrufezeichen … **groß** weiter. Am Ende … ein **kurzer Gruß** und die **Unterschrift** … nach Datum, Anrede, Brieftext **1 Zeile frei**.

3) ML: München, den 10.06.2001/ Lieber Marvin!/ Viele liebe Grüße/dein Daniel

27

4) Bremen, den 3.6.2001

Liebe Frau Schuster,

ich hoffe es geht **Ihnen** gut. Unsere Nachbarn sind fast so nett wie **Sie** es waren. Und **ich** vermisse München fast nicht mehr, denn an der neuen Schule gefällt es **mir** ganz gut. Morgen findet **unser** erstes Fußballturnier statt, darauf freue ich **mich** schon.

Viele Grüße
Ihr Marvin

5) a) Absender b) Empfänger

28

1) Gegenstände: Schüssel, Messbecher, Rührgerät, Pfanne, Schöpflöffel, Pfannenwender
Zutaten: Mehl, Eier, Milch, Salz, Butter

2) Lösungswort: REZEPT
1. 250 g Mehl in eine Schüssel geben
2. 4 Eier, 1/8 l Milch und Prise Salz hinzufügen
3. alles zu einem Teig verrühren
4. Stück Butter in die Pfanne geben
5. einen Schöpflöffel Teig hineingießen
6. Crêpes wenden

29

3) 1. Gib 250 g Mehl in eine Schüssel.
2. Füge 4 Eier, 1/8 l Milch und eine Prise Salz hinzu.
3. Verrühre alles zu einem Teig.
4. Gib ein Stück Butter in die Pfanne.
5. Gieße einen Schöpflöffel Teig hinein.
6. Wende den Crêpe.

4) 1. Zuerst gibst du 250 g Mehl in eine Schüssel.
2. Dann fügst du 4 Eier, 1/8 l Milch und eine Prise Salz hinzu.
3. Danach verrührst du alles zu einem Teig.
4. Anschließend gibst du ein Stück Butter in die Pfanne.
5. Dann gießt du einen Schöpflöffel Teig hinein.
6. Zum Schluss wendest du den Crêpe.

30

1) zerschneiden, zeichnen, malen, falten, zusammenheften, durchblättern

2) 1. falten 2. zerschneiden 3. zeichnen/malen
4. zusammenheften 5. malen/zeichnen
6. durchblättern

31

3) 1. DIN-A4-Blatt 4-mal falten, sodass 12 Rechtecke entstehen. 2. Das gefaltete Blatt in 12 Rechtecke zerschneiden. 3. 12 Bilder zeichnen, die sich nur leicht unterscheiden. 4. Papierstücke an der Seite zusammenheften. 5. Auf oberstes Blatt ein Titelbild malen. 6. Das Daumenkino schnell durchblättern.

LÖSUNGEN

4) ML:
1. Falte ein DIN-A4-Blatt ...
2. Danach zerschneidest du das gefaltete Blatt, sodass ...
3. Darauf zeichnest du 12 Bilder, die sich nur leicht ...
4. Anschließend heftest du die ...
5. Male auf das oberste Blatt ...
6. Zum Schluss blätterst du ...

5) 1. das Material
2. Reihenfolge
3. Tätigkeiten
4. Präsens
5. Verben
6. Satzanfänge

32

1) Beste Suchanzeige: Max Renz. Er beschreibt genau und gibt an, wo der Geldbeutel abzugeben ist.

2) Farbe: gelb mit blauem Rand;
Form: rechteckig;
Material: gelbes Leder;
Besonderheiten: Aufkleber, Aufschrift, Beschädigung, Reißverschluss

3) ML: Geldbeutel verloren!
Ich habe am 12.7.01 einen Geldbeutel verloren. Der Geldbeutel ist aus gelbem Leder und hat einen blauen Rand. Er hat eine rechteckige Form und an der Seite einen Reißverschluss. Oben steht das Wort „Uwe", daneben klebt ein roter Sticker. Das Leder ist leicht beschädigt. Der Finder soll sich bitte beim Hausmeister melden.

33

4) ML: Leder: zäh, widerstandsfähig, gegerbt, reißfest, braun ...
Glas: farblos, durchsichtig, zerbrechlich, dünn ...
Holz: braun, rau, glatt, hart ...
Wolle: weich, flauschig, wärmend, kraus oder glatt ...
Seife: glitschig, schäumend, schmierend, duftend ...

6) Gegenstand, Einzelheit, Material, Größe, Besonderheiten, treffende Adjektive, Satzanfänge

34

1) Narbe, kräftiges Kinn, kurze braune Haare, Warze, Schnurrbart

2) Größe: 1,80 m; Haare: kurz, braun; Augen: grün; Alter: 32; Kleidung: dunkelblaues T-Shirt, Jeans; Besonderheiten: Tätowierung, humpelt, muskulös, Ohrring, Narbe an der Wange

3) Lösungswort: SUPER

35

4) Die Beschreibung passt auf Junge Nr. 1.

5) Haare: blond, lockig, halblang; Gesicht: spitze Nase; Körper: schlank, 1,60 m groß; Besonderheiten: Narbe auf der rechten Wange, Ohrring am rechten Ohr

6) blaues T-Shirt mit gelbem Querstreifen, graue Hose, gelbe Schuhe

7) ML: Der vermisste Junge ist etwa 1,60 m groß, schlank und hat blonde lockige Haare. Er trägt ein blaues T-Shirt mit gelbem Querstreifen und eine graue lange Hose. Seine Turnschuhe sind gelb. Ein auffälliges Merkmal ist eine Narbe auf der rechten Wange und ein Ohrring am rechten Ohr.

36

1) ML:
1. am Samstagabend
2. im Waldstadion in Münster
3. *Two 4 You*
4. Es ereignete sich ein Unfall.
5. Zwei Mädchen wurden verletzt. Sie wurden von der Menge gegen eine Absperrung gedrückt.
6. zwei 15-jährige Mädchen
7. Quetschungen, Rippenbrüche
8. Sie wurden von Sanitätern versorgt.

2) ML: In Münster ereignete sich beim Konzert der Popband *Two 4 You* am Samstagabend im Waldstadion ein Unfall. Zwei 15-jährige Mädchen wurden von der Menge gegen eine Absperrung gedrückt. Sie erlitten Quetschungen und Rippenbrüche. Sie mussten von Sanitätern versorgt werden.

37

3) ⑤ wurde,
⑥ bekam,
⑦ wurden gedrückt,
⑨ kamen

4) Mann, war das ein Durcheinander. Ich hatte richtig Angst in der Menge. Ich habe kaum noch Luft bekommen.

5) zum Glück, das Konzert war super

38

6) ML: Einleitung B ist die beste, weil knapp und sachlich die beteiligten Personen, Ort und Zeit des Geschehens genannt werden.

7) ML: In der Albert-Schweitzer-Schule in München verschüttete Laura Müller am 14.09.2001 um 9.20 Uhr versehentlich ihr Pausengetränk. Der Apfelsaft verschmutzte die Lederjacke ihrer Mitschülerin Anna Küppers stark.

LÖSUNGEN

8) ML: Nach der großen Pause stellte Laura Müller ihre geöffnete Trinkflasche auf den Tisch im Klassenzimmer. Die Jacke ihrer Banknachbarin Anna Küppers hing über einem Stuhl neben dem Tisch. Laura Müller stand mit dem Rücken zum Tisch und unterhielt sich. Als sie sich umdrehte, stieß sie versehentlich gegen die Flasche. Der Apfelsaft lief aus und spritzte auf die Lederjacke. Auf der Vorderseite der Jacke entstanden starke Flecken, die sich in der Reinigung nicht mehr entfernen ließen.

39

9) ① Oma ② Polizist ③ Freundin

10) a) Fahrrad b) Auto/Pkw/(Sport-)Wagen c) zusammenstoßen/einen Unfall verursachen d) stark beschädigt e) mit überhöhter/hoher Geschwindigkeit fahren f) sehr laut sein

11) sie ging, wir liefen, er nahm, ich rief, sie stürzten

12) ML: Am 14.02.2001 wurde ich Zeugin eines Verkehrsunfalls. Um etwa 15.25 Uhr bog ein roter Sportwagen mit deutlich überhöher Geschwindigkeit in die Karlstraße ein, von der Schweitzerallee kommend. Auf Grund der hohen Geschwindigkeit war es dem Fahrer nicht möglich einem entgegenkommenden Radfahrer auszuweichen. Der Sportwagen rammte das Fahrrad, sodass der Radfahrer auf die Straße geschleudert wurde. Der Fahrer des Sportwagens stieg aus, um erste Hilfe zu leisten. Ich verständigte um 15.30 Uhr Polizei und Notarzt.

40

1) ML: Uli und Mansur sprangen in den Bus. „Beeil dich, Uli!“, rief Mansur. Vollkommen außer Atem warfen sie sich auf eine Bank. „Meine neue Schwimmbrille ist genial“, meinte Mansur. „Kann ich sie noch einmal sehen?“, fragte Uli. Da bemerkte Mansur, dass er seine Schwimmtasche im Hallenbad vergessen hatte. Er stöhnte: „So ein Mist, da muss ich wohl noch mal zurück!“ Es blieb ihm nichts anderes übrig als an der nächsten Haltestelle wieder auszusteigen und zurückzulaufen. „Tschüss“, rief Uli, „dann bis morgen!“

2) ML: Als ich aus dem Laden kam, folgte mir ein Junge auf seinem Fahrrad. Er war nicht abzuschütteln. An der S-Bahnhaltestelle hatte er mich eingeholt. „He, geben Sie die geklauten Sachen zurück!“, rief er und packte mich an der Jacke. Die Leute drehten sich nach mir um. Ich herrschte ihn an: „Du kleiner Lausebengel, was erlaubst du dir eigentlich!“ Zum Glück kam gerade eine Bahn. Ich stieß den Jungen fort und stieg schnell in die Bahn.

3) Zuerst, am Anfang, anschließend, als Nächstes, jetzt, nun, daraufhin, dann, darauf folgt, schließlich, zum Schluss ...

41

4) ML:

1. Schneide aus einem Bogen DIN-A4-Papier die Form des Drachens aus.
2. Schneide anschließend ein 80 cm langes Stück Faden ab.
3. Befestige den Faden mit Klebeband rechts und links am Drachen.
4. Nimm einen Streifen Krepppapier und klebe ihn in der Mitte der Unterkante an.
5. Jetzt kannst du den Drachen fliegen lassen.

5) ML: Ich habe eine blaue Sporttasche aus Kunststoff verloren. Sie hat eine längliche, rechteckige Form. Rechts und links hat sie jeweils ein mit Reißverschluss abgeteiltes Außenfach. Auf dem rechten Außenfach steht das Wort „Sport“. Der Finder soll sie bitte beim Hausmeister abgeben.

6) ML: Am 30.7.2001 um 11.30 Uhr ereignete sich ein Unfall auf dem Goetheplatz. Ein Golffahrer übersah beim Überholen einen Lastwagen, der ihm entgegen kam. Beide Fahrzeuge fuhren mit stark überhöhter Geschwindigkeit und prallten frontal aufeinander. Ein Passant informierte die Polizei. Die zwei Fahrer wurden nur leicht verletzt.

42

7) Lösungswort: BRAVO

8)
1. Gefühle
2. Perspektive
3. Stichworte
4. lebendig
5. Personen
6. Verb

9) Einleitung, Hauptteil, Schluss

10) Höhepunkt

11) Gefühle, Gedanken, Adjektive, wörtliche Rede

12) Form, Material, Größe, Besonderheiten

13) Größe, Haare (Farbe, Länge, Beschaffenheit), Kleidung, Augen, Alter, Besonderheiten